EXPLICATIONS

DE M. CHARPENTIER, LIBRAIRE-ÉDITEUR

A SES CONFRÈRES

1846

EXPLICATIONS

DE M. CHARPENTIER, LIBRAIRE-ÉDITEUR,

A SES CONFRÈRES

SUR SA PARTICIPATION AU PROJET QU'IL AVAIT FORMÉ D'AFFERMER, AVEC LE CONCOURS DE PLUSIEURS LIBRAIRES, LA PUBLICITÉ DU JOURNAL *LE NATIONAL*

Les démarches que j'ai faites auprès de plusieurs de mes confrères pour les engager à s'associer au projet que j'avais formé d'affermer la publicité du journal *le National*, dans l'intérêt de la profession commune ;

La bienveillance avec laquelle la plupart d'entre eux avaient accueilli ce projet ;

Les attaques dont j'ai été l'objet par plusieurs libraires que j'avais, dans l'origine, associés à ce projet, et desquels j'ai été forcé de me séparer ;

Tous ces motifs m'engagent à faire connaître, dans la note qui suit, les causes et les circonstances qui ont dirigé ma conduite en cette affaire.

Diverses considérations m'avaient fait penser que la librairie ferait pour ses intérêts une chose bonne et utile, en affermant la publicité d'un journal. Ces considérations étaient :

L'extension que prennent, dans les journaux quotidiens, les annonces industrielles, ce qui diminue d'autant la valeur de celles de la librairie ;

Le monopole qu'une société importante de publicité cherche à établir, et dont le succès compromettrait non-seulement l'existence des autres journaux, mais aurait encore pour effet de livrer à sa discrétion la publicité dont chacun peut avoir besoin ;

Les avantages que la librairie trouverait à concentrer le plus possible ses annonces dans un seul journal, ce qui fixerait sur un seul point l'attention des personnes intéressées ;

Enfin le concours, l'appui qu'elle trouverait dans ce même journal, et dont elle a tant besoin.

En dehors des quatre journaux de la société Duveyrier et Cie, *le National* était celui qui devait être choisi, non pas à cause de l'opinion dont il est l'organe (la politique n'avait là rien à faire), mais en raison du talent et de la moralité de sa rédaction.

Je communiquai mon projet à M. Perrotin, que je rencontrai, par hasard, vers le milieu de septembre dernier ; il l'adopta avec empressement, et nous allâmes tous deux en faire part à M. Thomas, directeur du *National*.

Après avoir exposé le projet, auquel M. Thomas accéda tout de suite, nous ajoutâmes que c'était, non une spéculation intéressée, mais une affaire de corps que nous voulions exécuter, et qu'avant toute décision il nous fallait l'assentiment d'un certain nombre de nos confrères. M. Thomas admit nos raisons, et nous promit d'attendre le résultat de nos démarches jusqu'à fin septembre ; plus tard il consentit à proroger ce délai jusqu'à fin octobre.

En quittant M. Thomas j'expliquai de nouveau à M. Perrotin le plan tel que je l'avais conçu. L'affaire serait divisée en quarante-cinq parts égales de 1,000 fr. chacune (le fermage était de 45,000 fr.), de façon que chaque maison souscrivît, selon ses besoins, pour une ou pour plusieurs parts, et qu'il fût même possible à plusieurs de se réunir pour en acquérir une seule, mais alors au nom d'un seul titulaire.

En attendant et pour ne pas perdre de temps, nous nous constituerions dès que nous serions neuf adhérents, en laissant la porte de la société ouverte à ceux de nos confrères qui voudraient plus tard se joindre à nous.

J'ajoutai d'autres explications qu'on trouvera plus loin. M. Perrotin accepta, approuva tout sans faire une seule objection.

Dès ce moment nous fîmes ensemble ou séparément des démarches auprès de plusieurs libraires. On écrivit à MM. Pagnerre, Furne, Langlois, Victor Masson, Hingray, Bixio alors absents de Paris. Presque tous envoyèrent leurs adhésions ou la donnèrent eux-mêmes à leur retour, et enfin au commencement d'octobre M. Perrotin m'annonça que le nombre de neuf était atteint. Nous en fîmes part aussitôt à M. Thomas, et le lendemain ou le jour suivant nous nous réunîmes chez M. Pagnerre.

A cette première réunion se trouvaient seulement MM. Furne, Paulin, Perrotin, Langlois, Pagnerre et moi. Les absents avaient adhéré à l'avance à ce qui serait fait.

A l'ouverture de la séance j'expliquai à la réunion les avantages du projet. Tout aussitôt un membre fit observer que l'affaire étant bonne il fallait la garder entre nous, et presque tous se réunirent à cet avis. Je combattis fortement cette opinion en faisant observer :

1° Que l'affaire serait infailliblement bonne si nous étions nombreux, car il y aurait alors une grande publicité assurée à l'avance, mais que le contraire pourrait bien arriver si nous étions en petit nombre ;

2° Que dans ce cas nos confrères seraient d'autant moins disposés à venir à notre aide que nous les aurions à l'avance exclus d'une partie des avantages de l'affaire ;

3° Que la société Duveyrier et Cie pourrait manifester, à l'égard de chacun de nous, des exigences qu'elle se garderait bien d'avoir en face du corps entier de la librairie ;

4° Que le point capital était d'avoir à bon marché la publicité du *National*, moins encore pour elle-même que pour obtenir virtuellement par là celle des autres journaux à de bonnes conditions ;

5° En résumé que l'affaire ne pouvait être fructueuse pour chacun qu'autant qu'elle serait faite par tous.

Ces motifs finirent par prévaloir, et je fus chargé de rédiger deux projets de traité : celui avec *le National* et celui qui devait régler nos rapports mutuels. On me chargea même de faire des démarches auprès de plusieurs maisons importantes : MM. Didot, Hachette, Victor Masson, etc., etc. De plus, M. Pagnerre écrivit *de sa main* une liste contenant vingt-quatre noms de libraires que nous devions engager à se réunir à nous. *J'ai cette liste entre les mains.*

Je m'occupai aussitôt de ma tâche. Tout en pensant aux traités je visitai successivement MM. Didot, Hachette, Victor Masson, des membres du Comptoir des Imprimeurs, M. Amyot, etc. Tous approuvèrent le projet dans son ensemble et dans ses détails, et promirent de s'y associer. De son côté, M. Pagnerre obtenait presque l'adhésion de la maison J. Renouard et Cie.

Dans l'élaboration du projet, je m'efforçai de le rendre simple, facile et économique, sachant que les meilleures choses avortent presque toujours par les difficultés de l'exécution. Dans ce but, j'avais pensé pour la gérance à M. Comon, du Comptoir des Imprimeurs, dont chacun connaît l'esprit actif et bien réglé. La maison qu'il représente devant faire partie de la réunion, ce choix était excellent sous tous les rapports.

Enfin, je rédigeai le projet que j'avais longtemps médité et rectifié sur plusieurs points dans mes entretiens avec les honorables libraires que j'ai désignés plus haut.

En voici les dispositions capitales :

La propriété du fermage des annonces du *National*, aux conditions arrêtées entre M. Thomas directeur-gérant de ce journal et les soussignés, est divisée en quarante-cinq parts égales, ayant chacune les mêmes droits.

Chaque part confère à son propriétaire la quarante-cinquième partie de la propriété des annonces du *National*, soit la propriété des annonces d'un numéro de ce journal, tous les quarante-cinq jours, ou huit numéros par an, à raison de trois cent soixante jours, avec le droit d'insertions de réclames y attaché. Laquelle propriété, pour chaque propriétaire, en faire usage pour ses propres publications seulement, et sauf le droit de la société d'en prendre une partie, pour l'insertion d'annonces étrangères, qu'elle se réserve de faire à son profit, et ce dans les limites et conditions déterminées ci-après :

La société insérera les annonces étrangères payantes, à la place de celles occupées par les parts de propriété, mais seulement jusqu'à concurrence de la moitié de la page, si le propriétaire ne consent pas à céder une place plus étendue. Le propriétaire conservera la tête de sa page.

A cet effet, un registre sera établi pour l'inscription des annonces étrangères présentées. A chacune de ces annonces, il sera inscrit un numéro d'ordre, afin que leur insertion ait lieu selon la date de leur réception et sans aucune substitution d'un jour à l'autre, sauf le cas de force majeure.

Chaque annonce sera insérée dans le numéro du deuxième jour de celui où elle aura été présentée, ainsi que dans le numéro suivant, s'il n'y a pas place suffisante dans le premier. Ce délai est fixé pour donner au propriétaire de la page le temps de réduire ses annonces et de faire place à d'autres. En cas de force majeure, les annonces pourront être insérées le lendemain de leur présentation.

Le propriétaire de chaque page, aura le droit de la conserver entière, lorsque cette même page aura été entamée deux fois de suite par des annonces étrangères ; dans ce cas, ces dernières seront insérées dans le numéro suivant, ou dans un supplément au besoin.

Chaque page coûtant à son propriétaire 125 fr., ou 15 centimes la ligne environ, il sera remboursé à ce dernier 15 centimes par chaque ligne d'annonces étrangères qui seront insérées à la place des siennes. La différence entre les prix de ces deux sortes d'annonces constituera l'un des bénéfices de la société.

. . . .

La société ayant intérêt à concentrer le plus possible les annonces de la librairie dans le *National* afin d'en augmenter la valeur relative, chacun des soussignés s'engage à annoncer, au moins une fois, chacune de ses publications.

Le propriétaire de chaque part devra tenir sa page d'annonces prête trois jours au moins avant l'insertion qui en sera faite tous les quarante-cinq jours.

L'espace du *National* affermé pour la publicité par les soussignés devant, dans l'intérêt de la société, être toujours rempli, chaque page qui ne le serait pas, par la négligence de son propriétaire, sera perdue pour lui : à sa place la page d'une autre part sera désignée par le sort, et la remplacera.

Tout ou partie de l'espace de chaque part pourra être échangé entre les propriétaires, mais la société ne garantit nullement ces arrangements particuliers.

. . . .

Chaque part donne droit à une voix dans les votes qui pourraient intervenir dans les délibérations de la société. Il y aura donc quarante-cinq voix, bien que le nombre des propriétaires puisse être moindre.

Chaque part devra être payée par son propriétaire et par douzième, soit 83 fr. 33 c. tous les vingt-cinq de chaque mois. Chaque part payera en outre et en même temps 1 fr. 50 c. pour les soins et peines du gérant, ce qui constituera à ce dernier une rétribution mensuelle de 67 fr. 50 c.

. . . .

Le gérant payera à l'administration du *National* le premier de chaque mois et à l'avance le douzième du fermage des annonces de la société, soit 3,750 fr.

Les membres de la société se réuniront tous les trois de chaque mois au domicile du gérant et à huit heures du soir, le gérant présentera aux membres présents à cette réunion et dont la présence sera constatée sur le registre des délibérations de la société, le compte des recettes et des dépenses. Il remboursera à chaque part l'espace qui lui aura été enlevé pour les annonces étrangères, et fera entre tous la répartition du restant en caisse, et par quarante-cinquièmes. Il en sera donné décharge au gérant sur le registre de la société.

. . . .

La société est composée des libraires-éditeurs qui ont adhéré et signé aujourd'hui les présentes, et selon le nombre de quarante-cinquièmes souscrit par eux. Elle se complétera avec ceux des autres libraires-éditeurs de Paris qui voudront s'y associer, mais dont l'admission ne pourra avoir lieu qu'à l'unanimité des voix, chaque part donnant, comme il a été dit, une voix à son propriétaire. Toutefois la société fait ici, sur ce point d'adhésion unanime et à l'avance, exception en faveur des libraires-éditeurs dont les noms suivent, et qu'elle verra avec plaisir s'associer à eux :

MM. Amyot, J.-B. Baillière, Germer Baillière, Baudry quai Malaquais, Belin-Leprieur, Mathias, Considérant, Cotillon, Delalain, F. Didot frères, Dumaine, Galignani, Guillaumin, Joubert, Ladrange, Maison, Hachette, Renouard et Cᵉ, Roret, Techener, Videcoq, Delamotte.

En attendant la réunion présumée à la société des libraires-éditeurs ci-dessus nommés et de tous autres qui pourront y être reçus à l'unanimité, la société se complète aujourd'hui par la déclaration que font ici MM. Pagnerre, Perrotin, Furne, Langlois, Bixio, Hingray, Dubochet, Paulin et Charpentier, de prendre à leur risques et périls tous les quarante-cinquièmes de parts qui ne sont pas souscrites aujourd'hui aux présentes.

Ils prennent ces quarante-cinquièmes par nombres égaux entre eux et conviennent de laisser au sort à décider quelles seront les parts d'entre eux qui seront successivement cédées à des associés nouveaux.

La société nomme ici M. Comon, gérant de ses intérêts dans la réalisation des présentes.

Il recevra les annonces de chacun des associés et celles étrangères, et il en fera sa remise chaque soir à six heures au plus tard, à l'imprimerie du *National*. Il en surveillera la bonne disposition.

Il provoquera les courtiers de publicité, bien reconnus pour tels, à procurer des annonces au *National*, et il est dès à présent autorisé à leur accorder une remise de 20 pour 100.

Il tiendra la caisse et la comptabilité de la société.

. . . .

Pour tous les cas non prévus aux présentes, la société prendra des décisions à la majorité des voix et ses décisions seront obligatoires pour tous.

Le National paraissant trois cent soixante et un jours par année, et l'emploi des annonces n'ayant été déterminé que pour trois cent soixante. Celles du trois cent soixante et unième jour appartiendront au quarante-cinquième de part que le sort désignera.

Le présent traité sera remis au dépôt, ainsi que celui passé avec *le National* pour le fermage, entre les mains de Mᵉ Fremyn, notaire à Paris, lequel recevra les signatures des associés qui pourront survenir et délivrera des copies aux ayants droit ou aux personnes désignées par le gérant.

Comme on le voit, ce projet consacrait dans ses racines l'indépendance de chaque membre en laissant une part suffisante à l'action générale. Il garantissait chacun des empiétements, des décisions souvent arbitraires des commissions et des majorités. Chaque intérêt était fixé. Chaque quarante-cinquième avait sa page tous les quarante-cinq jours. La société avait seulement le droit de lui en prendre la moitié dans l'intérêt général, mais en lui en remboursant le prix.

L'exécution par le gérant était simple et facile.

C'était plutôt, à vrai dire, un règlement entre quarante-cinq intéressés qui s'étaient partagé également la publicité du *National,* que les statuts d'une société.

Pas de conseil d'administration, car il n'y avait rien à administrer.

Pas de conseil de surveillance, car chacun sachant le nombre de lignes qu'on lui avait pris et dont on lui devait la restitution, contrôlait par là le compte du gérant.

Pas de comptabilité, car elle se bornait à rembourser à chacun l'espace qu'on lui avait pris, et à partager en quarante-cinq parts, au commencement de chaque mois, les sommes provenant de la différence du prix des annonces étrangères d'avec celui des souscripteurs associés.

Chacun était garanti de ces mesures que prennent souvent, dans les assemblées, des majorités formées de vanités, d'intérêts égoïstes, de petites passions, et qui s'imposent d'un commun accord à la minorité ; là tout était à l'avance sûr, net, facile, prévu et déterminé.

Un seul point restait à résoudre, c'était d'éviter la solidarité des intéressés entre eux vis-à-vis *le National* et dont il n'avait pas été question avec ce journal, mais sur laquelle il avait dû compter. Non que cette solidarité fût au fond dangereuse, mais elle était gênante. Je comptais l'éviter en créant un fonds commun qui aurait servi, mais jusqu'à concurrence de son chiffre seulement, de caution au *National,* ou en obligeant chaque membre à payer deux mois à l'avance, ou encore en soumettant la réception de chaque associé au consentement de l'administration du *National.*

Enfin ce plan avait, comme je l'ai dit, obtenu l'approbation des hommes les plus capables et les plus importants de la librairie. Je croyais et je crois encore qu'il était bon. Cependant à la réunion qui eut lieu le lendemain, et où se trouvaient MM. Pagnerre, Perrotin, Langlois et moi, il rencontra une opposition complète, et ces trois messieurs me déclarèrent qu'ils n'entendaient pas ainsi l'affaire et son exploitation. M. Pagnerre exposa ses idées. Il voulait que chacun souscrivît d'abord à la société un certain nombre de lignes en raison de ses besoins présumés ; qu'on admît ensuite les annonces étrangères ; et, pour compléter la page du journal, qu'on insérât, sous le nom d'*en-cas,* et gratuitement, d'autres annonces des associés *dans la proportion du nombre de lignes souscrit par chacun.* Ce système pouvait être bon pour M. Pagnerre, qui, par la nature de sa librairie, a le plus besoin de la publicité du *National,* ce qui, en lui permettant de souscrire une police plus forte, lui assurait un nombre de lignes d'*en-cas* gratuits plus considérable. M. Langlois le comprit comme moi ; il rejeta ce plan et il fallut en chercher un autre.

J'essayai alors mais inutilement de revenir à mon projet. « Mais voyez donc ! me dit M. Langlois, dans votre projet, chacun n'aurait d'annonces que tous les quarante-cinq jours et rien pendant l'intervalle.—Mais qui vous en empêche ? Est-ce que chacun de nous ne sera pas naturellement disposé à céder à ses collègues une portion de sa place pour en obtenir au besoin la réciprocité? Est-ce que la complaisance mutuelle ne sera pas dans la nature, dans la force même des choses? Mon projet admet complétement cet échange ; seulement, pour ne pas compliquer l'affaire qui, avant tout, doit être simple, il ne prescrit pas cette mesure. C'est une affaire de ménage entre les associés, mais qui ne peut pas regarder la société.

N'ayant pu convaincre ces messieurs, je proposai que chacun fixât ses idées en les écrivant, et les exposât ensuite à la discussion, mais tous déclarèrent qu'ils étaient trop occupés pour y songer.

Cependant M. Thomas avait été appelé à une réunion pour le lendemain dix heures, il fut impossible de nous entendre avant son arrivée. En sa présence, de nouvelles difficultés surgirent.

Le bail devait n'être que d'un an ; on mit en avant de le faire pour deux. Je repoussai cette proposition et fis observer que nos confrères n'avaient accepté qu'un an.

« Mais, me dit M. Pagnerre, vous devez vous soumettre à la majorité et elle veut deux ans. — Il ne saurait être question ici de majorité, lui répondis-je, car jusqu'à présent nous ne sommes pas engagés les uns vis-à-vis des autres. Nous établissons ici des statuts qui, lorsqu'ils seront acceptés par chacun, nous engageront tous, la majorité comme la minorité. Ce n'est pas ici un règlement comme en peuvent prendre des sociétés constituées, lequel règlement n'est au reste obligatoire qu'autant qu'il est conforme aux statuts. En ce moment, nous sommes pouvoir constituant et nous faisons notre constitution.

— Mais enfin, vous êtes engagé vis-à-vis *le National*, et nous pouvons nous retirer et vous laisser seul avec lui. — Je suis bien aise, répondis-je, que cette observation ait lieu devant M. Thomas. Tout s'est passé entre lui, M. Perrotin et moi en conversations, mais je ne décline rien de ce que j'ai fait et pu dire. Je me regarde donc comme engagé moralement vis-à-vis *le National*, mais comment? dans les termes qui ont été articulés. Or, nous avons toujours déclaré à M. Thomas, M. Perrotin et moi, que nous ne ferions l'affaire qu'autant que nous serions au moins neuf. Pendant les quinze jours que ce nombre n'a pas été atteint, nous avons répété la même chose, et enfin quand ce nombre a été rempli nous avons dit à M. Thomas : « nous sommes neuf maintenant et « vous pouvez regarder l'affaire comme faite. »

— Je ne suis donc engagé que pour un neuvième, et en donnant au *National*, s'il l'exige, 5,000 fr. dont je me remplirai en annonces, je suis parfaitement dégagé à son égard. Votre menace n'a lieu que pour me forcer la main à souscrire à vos desseins, en m'effrayant d'un engagement de 45,000 fr. »

M. Thomas approuva et ratifia complétement tout ce que je venais de dire.

M. Thomas, voyant que nous n'étions pas d'accord, se retira pour nous laisser discuter. Après son départ, la discussion continua comme elle avait commencé.

Elle dura cinq heures consécutives sans résultat. A la fin, ces messieurs me signifièrent qu'ils ne voulaient pas être plus de neuf intéressés. Nous étions bien moins avancés qu'auparavant, car ce qui avait été adopté antérieurement était complétement renversé ; on m'avait fait faire des démarches auprès de maisons importantes, nous devions les admettre dans la société, aujourd'hui il fallait nous réduire à neuf. Je ne pouvais adopter un semblable changement, qui, outre qu'il renversait complétement mon plan, avait de plus l'inconvénient de nous placer en contradiction flagrante avec nous-mêmes. J'étais seul contre trois, et je n'avais qu'une chose à faire, c'était d'offrir de me retirer. Chose singulière, on le refusa, et on prétendit que j'étais engagé vis-à-vis de la société.

« En cette affaire, m'écriais-je, je ne suis qu'au *National*, et pour un neuvième, ainsi que M. Thomas en est convenu devant vous, Messieurs, il y a quatre heures, dans les termes les plus explicites. Eh bien! il m'est indifférent de donner à vous ou à lui les 5,000 fr. de ce neuvième ; je vous les donnerai en échange de lignes à 15 c. (prix d'achat), et vous me laisserez tranquille. — Nous acceptons, mais vous allez vous engager à l'instant même. — Vous avez ma parole ; chacun de nous est fatigué ; nous nous reverrons demain matin et nous signerons. — Du tout! du tout! à l'instant même; tout de suite. — Mais, messieurs, il faut réfléchir à un acte semblable. » Impossible d'obtenir une minute de répit.

Il fallut se rendre. Je rédigeai l'acte qui allait me délivrer. Sa rédaction achevée, je le lus à ces messieurs, qui l'approuvèrent. M. Pagnerre appela un de ses employés qui en fit un double. Les deux minutes furent collationnées, approuvées à haute voix et signées par chacun d'eux, et enfin par moi.

Voici cet acte :

Je m'engage dans le cas où les annonces du *National* viendront à être affermées par MM. Perrotin, Pagnerre, Langlois, Bixio, Furne, Dubochet, Hingray, Paulin, libraires-éditeurs, à Paris, à leur donner pour cinq mille francs d'annonces, dans la première année de leur exploitation, lesquelles annonces à raison de quinze centimes la ligne, sur la justification actuelle du journal, ou quatre-vingt dix centimes la grande ligne, celle de la largeur du journal, et accompagnées d'un dixième de lignes de réclames dans le journal, justification actuelle.

Les annonces seront insérées tous les mois et en nombre égal chaque mois, à des jours différents selon les besoins de M. Charpentier et en tête des pages pour la moitié d'icelles.

Cet engagement ne sera valable qu'autant que les susnommés auront traité définitivement pour le fermage du *National*, et auront commencé leurs opérations le premier novembre prochain, au plus tard.

Au moyen du présent engagement, MM. Langlois, Pagnerre et Perrotin, s'engagent ici et pour les autres susnommés à décharger M. Charpentier de tous les engagements qui pourraient résulter pour lui des conférences verbales qui ont eu lieu entre lui et M. Thomas, au sujet du projet de fermage des annonces du *National*.

Le payement des cinq mille francs aura lieu le jour où chacune des annonces que remettra M. Charpentier aura été insérée dans le *National*.

Fait quadruple à Paris, le 7 octobre 1846.

> Approuvé l'écriture. Signé : Langlois et Leclercq.
> Approuvé l'écriture. Signé : Pagnerre.
> Approuvé l'écriture. Signé : Perrotin.
> Approuvé l'écriture. Signé : Charpentier.

C'était ce me semble encore ici un acte parfaitement clair, ne prêtant à aucune interprétation. Cependant, quelques heures après, on voulut m'obliger à déclarer que j'avais entendu par là m'engager à donner 5,000 francs d'annonces de ma *seule librairie*. Je protestai contre une semblable prétention qui me plaçait dans une position que je n'avais jamais pu vouloir me faire.

M. Thomas, vis-à-vis duquel seulement j'étais engagé, non pas légalement, mais moralement seulement, ce qui pour moi était la même chose, était convenu devant MM. Pagnerre, Perrotin et Langlois que cet engagement se bornait au neuvième, soit 5,000 francs, dont je pouvais me remplir en annonces, et j'aurais, en traitant avec des personnes qui n'avaient même pas mon engagement moral, renoncé à cet avantage. Je me serais obligé à donner à ces messieurs pour 5,000 francs d'annonces de ma seule librairie !

En résumé, j'avais eu le premier l'idée d'affermer les annonces du *National*, on me permettra d'avoir l'amour-propre de croire que je savais ce que je voulais faire, et que mon plan, bon ou mauvais, n'étant pas adopté, j'avais le droit bien évident de me retirer.

Mon but n'était pas de faire une spéculation, mais une chose utile d'abord à la librairie en général, puis au journal, dont j'estime les propriétaires comme hommes de talent, de probité et de cœur, quoique mes opinions n'aillent pas jusqu'aux leurs. Au lieu de cela, on a voulu rester maître de l'affaire et pouvoir vendre à nos confrères 25 centimes ce qu'on payait 15. Je ne suis pas courtier ni marchand d'annonces, et je n'ai pas le désir de le devenir. Du moment qu'il s'agissait de prendre ce rôle de spéculateur, et de restreindre à neuf les avantages de l'affaire, cela ne me convenait plus, et je me suis retiré.

J'ai dû d'autant moins renoncer à mon plan que je l'avais communiqué, je le répète, aux maisons les plus honorables de la librairie, et qu'elles l'avaient approuvé. Ce qu'elles désiraient surtout autant que moi, c'était d'éviter une administration et les frais et la mauvaise influence qu'elle exerce presque toujours. On était encore sous l'impression d'une affaire fameuse en librairie, annoncée avec fracas, à laquelle on m'a reproché de n'avoir pas voulu m'associer, et dont les résultats avaient éclairé chacun sur les dangers d'avoir trop de confiance en certaines capacités [1].

---

[1] Il s'agit du Comptoir central de la librairie. Cette affaire a été la plus mal conçue, la plus pitoyablement exécutée, et, dans ses résultats, la plus déplorable qu'on puisse imaginer. On va en juger par les chiffres sui-

Je n'ai pas pu, pour me délivrer d'un engagement que je n'avais pas pris formellement, m'obliger à faire 5,000 francs d'annonces de ma seule librairie dans un journal où je n'en fais pas ordinairement, dont la publicité est certainement le moins efficace pour les ouvrages de mon fonds. Si on l'a compris ainsi, on se fait peu d'honneur, car on avance que l'avantage de se séparer de ces messieurs ne saurait se payer trop cher.

Au reste l'acte que j'ai signé est parfaitement clair. Il a été lu, relu, collationné, aucune observation n'a été faite. On ne pourra pas m'accuser d'avoir profité de la fatigue, car je voulais attendre au lendemain, et ce sont mes adversaires qui m'ont forcé à prendre un engagement immédiat.

Voilà les faits tels qu'ils ont eu lieu, et chacun peut juger entre mes adversaires et moi.

J'ajouterai seulement quelques observations.

Dans toute cette affaire, je n'ai été guidé que par les sentiments les plus honorables, j'ose le dire.

Je n'y trouvais aucun intérêt qui me fût personnel dans quelque sens que ce soit.

Ce n'était pas un intérêt de parti, car mes opinions ne vont pas aussi loin que celles du *National* ;

vants, arrêtés à la fin de juin 1845, époque de la dissolution de la société. Ils me sont fournis par l'une des victimes.

Le total des livres expédiés a été de............................. 1,791,030 f. 43 c.
Desquels il a été vendu pour.............. 600,000
Revenus ou à faire revenir pour.......... 1,191,030 f. 43 c.

Somme égale.................. 1,791,030 f. 43 c. Ci...... 1,791,030 f. 43 c.

Les frais ont été de 100,000 francs environ, soit 17 pour 100 sur le total de la vente.

De plus, le retour des ouvrages non vendus a été affermé à MM. Pagnerre et Cie, moyennant une retenue de 2 1/2 pour 100, soit 24,000 francs à peu près, qui, appliqués à la vente de 600,000 francs, élèvent les frais de celle-ci à près de 21 pour 100.

Qu'on ajoute d'autres frais que je ne mentionne pas ici, les mauvais débiteurs, la dépréciation des ouvrages renvoyés en assez mauvais état généralement, et on arrivera au chiffre de 25 à 30 pour 100, que j'avais établi dans ma lettre aux administrateurs, en date du 4 mai 1843.

Mais ce n'est pas tout. Ces frais de 25 à 30 pour 100 n'ont pas été répartis également sur chaque membre, soit d'après le chiffre de ses expéditions, soit d'après le chiffre de ses ventes, comme le bon sens et l'équité l'exigeaient. Par une interprétation singulière de l'acte de société, ces frais sont tombés, dans une proportion inouïe, sur les plus malheureux, comme on peut s'en assurer d'après le tableau suivant arrêté à cette même époque de fin juin 1845.

Chacun des associés a payé sur la vente de ses livres et dans les proportions ci-après, savoir :

MM. Gosselin,	sur 135 482 fr.	13 1/2 pour 100	MM. Vincent, sur	8 007 fr.	29 3/4 pour 100
Dubochet,	64 160	14 1/2 »	Lesourd et Réné,	10 665	37 »
Pagnerre,	70 440	15 »	Daguin,	7 366	37 »
Bixio,	74 478	15 3/4 »	Fournier,	5 381	38 »
Paulin,	47 796	15 3/4 »	Chamerot,	4 266	44 1/2 »
Lavigne,	27 876	17 »	Boizard,	3 986	45 1/2 »
Aubert,	19 492	19 »	Gide,	3 368	57 1/2 »
Potter,	16 954	19 »	Aillaud,	2 811	62 »
Hingray,	20 332	19 1/4 »	Considérant,	2 550	67 1/2 »
Perrotin,	16 215	19 1/2 »	Schlesinger,	2 030	81 »
Didier,	17 513	19 3/4 »	Parent-Desbarres,	1 595	103 »
Challamel,	25 279	21 1/4 »	Techener,	1 691	112 »
Mallet,	12 521	22 »	Kaeppelin,	1 414	115 »
Amyot,	17 077	23 1/2 »	Pillet aîné,	960	149 »
Guillaumin,	12 145	23 1/2 »	Marion,	713	198 »
Royer,	12 741	24 1/2 »	Barrois,	95	1325 »
Coquebert,	11 404	26 »			

Voilà les résultats de cette grande affaire du Comptoir central de la librairie, annoncée avec une jactance si prétentieuse, si puérile et si vaine ; dont les délibérations du Conseil d'administration, rédigées dans la forme des décrets de l'Empire, étaient publiées dans des journaux, aux frais des pauvres associés, et cela sans aucune utilité réelle ; mais pour apprendre à l'univers entier que Monsieur un tel était président, et Monsieur un tel secrétaire ! Ai-je eu tort ou raison de prédire la mort du Comptoir central, et de ne pas consentir à en faire partie. Il est vrai que je ne suis pas de ces esprits profonds qui démontrent qu'il y a égalité parfaite entre celui qui paye 13 1/2 pour 100 et celui qui paye 1325 pour 100.

Ni un intérêt pécuniaire, puisque j'ai voulu en étendre le bénéfice à la librairie en général;

Ni un intérêt de publicité, puisque, depuis plusieurs années, je n'ai pas inséré une seule ligne d'annonces dans *le National;*

Ni un motif de vanité, puisque, d'après mon projet, il n'y avait ni président, ni administrateur, ni aucune supériorité quelconque à briguer, et que tous avaient dans l'affaire une position parfaitement semblable.

Je n'avais donc, je le répète, aucun intérêt personnel, ou plutôt j'en avais un que je peux avouer : celui de faire une chose bonne et utile à tous mes confrères.

Je désire que mes adversaires aient tous été guidés par les mêmes motifs, mais on me permettra d'en douter.

Paris, 25 octobre 18

CHARPENTIER.

DE L'IMPRIMERIE DE CRAPELET, RUE DE VAUGIRARD, 9.